AHORA
ES SU
TIEMPO

Diseño del libro © Deseret Book Company
Imagen de la cubierta: may/Adobe Stock
Imágenes interiores: Ilustración de árbol/gaga vastard/Adobe Stock; ilustración de montaña/twelve.std/Adobe Stock
Dirección artística: Richard Erickson
Diseño: Kensie Smith

Visítenos en deseretbook.com

Library of Congress Cataloging-in-Publication Data

(CIP on file)
ISBN 978-1-63993-209-2

Impreso en los Estados Unidos de América
Sun Print Solutions, Salt Lake City, UT

10 9 8 7 6 5 4 3 2 1

UN MENSAJE PARA LA

AHORA ES SU TIEMPO

NUEVA GENERACIÓN

RUSSELL M. NELSON

DESERET
BOOK

El 15 de mayo de 1829, el profeta José Smith y Oliver Cowdery se arrodillaron en un lugar apartado en un bosque cercano al hogar de José y Emma en Harmony, Pensilvania. La hermana Nelson y yo hemos estado en ese bosque de arces de savia dulce.

Este bosque se convirtió en un lugar sagrado cuando Juan el Bautista confirió el Sacerdocio Aarónico a José Smith y a Oliver Cowdery.

Más tarde, Pedro, Santiago y Juan restauraron el Sacerdocio de Melquisedec alrededor de la misma zona.

En septiembre de 2015 dediqué el sitio de la restauración del sacerdocio. **De todas las asignaciones que había recibido hasta ese momento, esa fue la**

más significativa para mí. Ese sitio conmemora la restauración de la autoridad del sacerdocio y de sus llaves al hombre sobre la tierra. Esas llaves, junto con otras, eran necesarias para dirigir la Iglesia restaurada de Jesucristo y hacer posible que realizáramos y recibiéramos ordenanzas esenciales, entre ellas, sellar a las familias por la eternidad. ¡Ese día de la dedicación fue un momento muy especial en mi vida!

Y ahora este es un momento muy especial en su vida. No habrá otro que sea exactamente como este. Ustedes están estableciendo prioridades y patrones que tendrán un enorme impacto no solo sobre su vida terrenal, sino también sobre su vida eterna.

Hablemos de la vida; eso es algo con lo que ya he tenido un poco de experiencia. Crecí durante la Gran Depresión, fui adolescente durante la Segunda Guerra Mundial, he tenido unos cuantos encuentros con la muerte, he estado en seis continentes muchas veces y todavía no he conocido a un pueblo o cultura que no me resultara inspirador.

También he tenido que sobrellevar la tristeza. He visto cómo dos preciadas hijas han sido consumidas lenta, dolorosa y mortalmente por el cáncer,

Este es un
momento
muy especial
en su vida.
No habrá
otro que sea
exactamente
como este.

Ustedes están estableciendo prioridades y patrones que tendrán un enorme impacto no solo sobre su vida terrenal, sino también sobre su vida eterna.

y he tenido que enterrar a una esposa maravillosa, Dantzel, la madre de nuestros diez hijos. Sabiendo que no es bueno que el hombre esté solo[1], decidí casarme nuevamente. Me casé con otra mujer maravillosa, mi querida Wendy.

He visto a amigos y a familiares tomar decisiones heroicas y vivir vidas ejemplares, y he visto a otros tomar decisiones desastrosas que han frustrado su potencial.

En resumen, he vivido una vida larga, y llegado este momento, he dejado de comprar plátanos verdes por si no estoy para cuando maduren, y también he dejado de dedicar tiempo a cosas que no importan. ¡Pero *ustedes* sí son importantes para mí! ¡Y su futuro también me importa mucho!

También he dejado de dedicar tiempo a cosas que no importan. ¡Pero *ustedes* sí son importantes para mí! ¡Y su futuro también me importa mucho!

La hermana Nelson y yo asistimos recientemente a la toma de posesión del rector de una universidad. Durante ese evento extraordinario, pensé en la cantidad incontable de educadores que hay por todo el mundo que están dedicados a enseñar a hombres y a mujeres de la edad de ustedes.

La educación es muy importante, la considero una responsabilidad religiosa.

La gloria de Dios es la inteligencia.

La educación es muy importante; la considero una responsabilidad religiosa. La gloria de Dios es la inteligencia[2].

Sin embargo, hay una diferencia enorme entre las responsabilidades de los educadores seculares y mi responsabilidad como el Apóstol con más tiempo con ese llamamiento sobre la tierra. El trabajo de ellos es educarlos y prepararlos para su experiencia *terrenal*, es decir, cómo tener éxito en el trabajo al que se dedicarán en su vida. Mi responsabilidad también es educarlos y prepararlos a ustedes, pero para su experiencia *inmortal*, es decir, cómo obtener la vida eterna.

Las enseñanzas de las mejores instituciones académicas del más alto nivel tienen limitaciones, porque la educación secular normalmente no contempla tres grandes verdades de las que rara vez hacen mención:

- **Primero, cada uno de nosotros va a morir[3].**
- **Segundo, gracias a Jesucristo, cada uno de nosotros va a resucitar y llegará a ser inmortal[4].**
- **Y tercero, el Día del Juicio nos espera a cada uno de nosotros[5].**

Estas tres verdades absolutas deberían ser el fundamento de su educación espiritual.

Gracias a la restauración del evangelio de Jesucristo en su plenitud, sabemos mucho acerca de nuestras posibilidades después de la muerte. Sabemos que la casa de nuestro Padre tiene muchas moradas[6]. Sabemos que Dios ama tanto a Sus hijos que, como ha enseñado el presidente Dallin H. Oaks, "*todos los hijos de Dios*" —con muy pocas excepciones— "terminarán finalmente en un reino de *gloria*"[7]. ¡Piensen en ello! Nuestro Padre creó reinos de *gloria* —telestial, terrestre y celestial— a fin de proporcionar un lugar glorioso para Sus hijos.

Nuestro Padre creó reinos de *gloria* —telestial, terrestre y celestial— a fin de proporcionar un lugar glorioso para Sus hijos.

Mi propósito es asegurarme de que sus ojos se abran totalmente a la verdad de que esta vida realmente *es* el tiempo en que llegan a decidir qué tipo de vida quieren vivir ustedes para siempre. Ahora *es* su tiempo "de preparación para presentarse ante Dios"[8].

La duración de la vida terrenal no llega a ser ni un nanosegundo comparada con la eternidad; sin embargo, mis queridos hermanos y hermanas, ¡es

Esta vida realmente *es* el tiempo en que llegan a decidir qué tipo de vida quieren vivir *ustedes* para siempre.

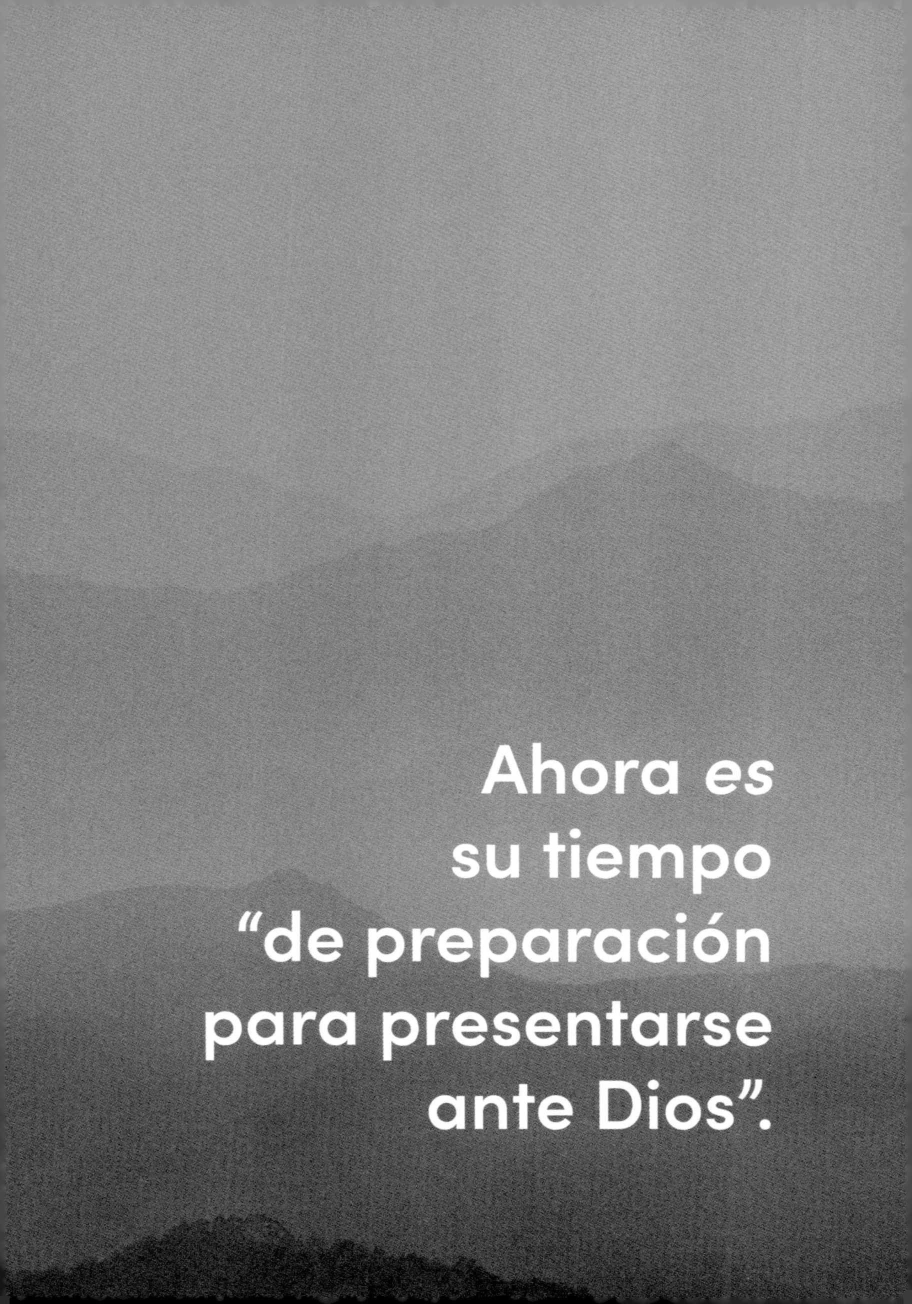

Ahora *es*
su tiempo
"de preparación
para presentarse
ante Dios".

Las decisiones justas de la vida terrenal producirán unos dividendos inimaginables en la eternidad.

un nanosegundo crucial! Durante esta vida decidimos qué leyes estamos dispuestos a obedecer —las del Reino Celestial, o las del Reino Terrestre, o las del Reino Telestial[9]— y, como consecuencia, en qué reino de gloria viviremos para siempre.

Cada decisión justa que tomen aquí generará enormes dividendos ahora, pero **las decisiones justas de la vida terrenal producirán unos dividendos inimaginables en la eternidad.** Si eligen hacer convenios con Dios y son fieles a esos convenios, tienen la promesa de "gloria [aumentada] sobre su cabeza para siempre jamás"[10].

La duración de la vida terrenal no llega a ser ni un nanosegundo comparada con la eternidad.

Estas verdades deberían despertar su más fuerte sentimiento de FOMO, un acrónimo en inglés que hace referencia al miedo de perderse algo importante. Tienen el potencial de alcanzar el Reino Celestial. El FOMO más grande sería perderse el Reino Celestial, contentarse con un reino menor porque aquí, en la tierra, decidieron vivir las leyes de un reino menor.

El adversario, por supuesto, no quiere que ustedes siquiera piensen en el mañana, y mucho menos en la vida eterna. Pero, por favor, no actúen con ignorancia

La manera en la que piensan sobre quiénes son realmente ustedes afecta a casi toda decisión que tomarán.

o ingenuidad en cuanto a las oportunidades y los desafíos de la vida terrenal. Teniendo esto en cuenta, hay tres verdades fundamentales que deben entender y que los ayudarán a prepararse para su trayectoria futura:

- **Primero, conozcan la verdad de quiénes son.**
- **Segundo, conozcan la verdad de lo que el Padre Celestial y Su Hijo les han ofrecido.**
- **Y tercero, conozcan la verdad relacionada con la conversión de ustedes.**

Hablaré de cada uno de estos aspectos.

Primero, conozcan la verdad de quiénes son.

Creo que **si el Señor estuviera hablándoles directamente, la primera cosa que se aseguraría de que entendieran es cuál es su verdadera identidad**[11]. Mis queridos amigos, **ustedes son literalmente hijos procreados como espíritus de Dios.** Ustedes han cantado esta verdad desde que aprendieron las palabras del himno “Soy un hijo de Dios”[12]. Pero ¿ha quedado esa verdad eterna grabada en su corazón?

*Sin embargo,
si alguna de ellas
reemplaza a
aquello que los
define de una
manera más
importante,
los resultados
pueden
asfixiarlos
espiritualmente.*

¿Quiénes son ustedes?

Primero y más importante, son hijos de Dios.

¿Los ha rescatado esa verdad cuando han tenido que enfrentarse a la tentación?[13].

Temo que hayan oído tan a menudo esta verdad que les suene más como un eslogan que como una verdad eterna; y, sin embargo, **la manera en la que piensan sobre quiénes son realmente ustedes afecta a casi toda decisión que tomarán.**

En 2006, cuando me casé con Wendy, me encontré con varias sorpresas, la mayoría de ellas maravillosas. Una de ellas fue la cantidad de ropa que tenía en la que aparecía algún logotipo: de universidades en las que se había graduado, lugares a los que había viajado, etc. Cada vez que ella se vestía con alguna de esas prendas, yo le hacía bromas diciéndole: "¿A quién le haces publicidad hoy?". ¡Y ella me invitaba a participar en la diversión!

Las etiquetas *pueden* ser divertidas e indicar su apoyo a muchas cosas positivas. Muchas de esas etiquetas cambiarán para ustedes con el paso del tiempo; y no todas las etiquetas tienen el mismo valor. Sin embargo, **si alguna de ellas reemplaza a aquello que los define de una manera más importante, los resultados pueden asfixiarlos espiritualmente.**

Por ejemplo, si yo tuviera que clasificar por orden de importancia aquellas descripciones que podrían definirme, diría: primero, soy hijo de Dios —un hijo varón de Dios; después soy hijo del convenio; y, a continuación, discípulo de Jesucristo y miembro devoto de Su Iglesia restaurada.

Luego vendrían los títulos que me honran como esposo y padre, y enseguida Apóstol del Señor Jesucristo.

Todas las demás etiquetas que se me han dado —como las de médico, cirujano, investigador, profesor, teniente, capitán, doctor, estadounidense y tantas otras— quedarían más abajo en la lista.

Apliquemos ahora esta pregunta a ustedes. *¿Quiénes son ustedes?*

Primero y más importante, son hijos de Dios.

Segundo, como miembros de la Iglesia, son hijos del convenio; y tercero, son discípulos de Jesucristo.

Les ruego que nunca *reemplacen* estos tres identificadores primordiales e inmutables por otros, porque el hacerlo podría obstaculizar su progreso o encasillarlos en un estereotipo que posiblemente podría frustrar su progreso eterno.

Por ejemplo, si se identifican principalmente como estadounidenses, aquellos que no lo son pueden pensar: "Sé todo lo que hay que saber sobre ustedes" y atribuirles creencias erróneas.

Si ustedes se identifican por su afiliación política, serán categorizados inmediatamente por tener ciertas creencias, aunque no conozco a nadie que crea en todas las cosas que su partido político preferido defiende en la actualidad.

Podríamos seguir así mucho tiempo, describiendo las limitaciones de cada etiqueta que nos ponemos a nosotros mismos o que otras personas nos ponen.

Hay quien me etiquetaría a mí como un "hombre viejo", pero soy mucho más joven de lo que fue Adán [...] o Noé[14]. El edadismo, el racismo, el nacionalismo, el sexismo e innumerables otros "ismos" son universalmente restrictivos.

El edadismo, el racismo, el nacionalismo, el sexismo e innumerables otros "ismos" son universalmente restrictivos.

¡Qué trágico es ver a alguien que cree en la etiqueta que otra persona le ha puesto! Imaginen el dolor del niño a quien se le dice: "Eres tonto". ¡Los identificadores y las etiquetas tienen mucho poder!

No se confundan
al respecto:
su potencial
es divino.

Si lo buscan con diligencia, Dios les dará destellos de quiénes pueden llegar a ser.

El adversario se regocija en las etiquetas porque nos dividen y restringen la forma en que pensamos sobre nosotros mismos y los unos de los otros. ¡Qué triste es cuando honramos las etiquetas más de lo que nos honramos unos a otros!

Las etiquetas nos llevan a juzgarnos mutuamente y a enemistarnos. **¡Cualquier forma de *abuso* o *prejuicio* hacia otra persona debido a su nacionalidad, raza, orientación sexual, sexo, nivel de educación, cultura o cualquier otro identificador importante es ofensivo para nuestro Hacedor! ¡Esta manera de tratarnos mal unos a otros causa que vivamos por debajo de nuestra medida como hijos e hijas de Su convenio!**

Por supuesto, hay muchas etiquetas que pueden resultar importantes para ustedes. Por favor, no me malinterpreten, no estoy diciendo que otras maneras de designarnos e identificarnos no sean relevantes. Lo que estoy diciendo sencillamente es que ningún identificador debería *desplazar*, *reemplazar* o *tener prioridad por sobre* estas tres denominaciones perdurables: **"hijo de Dios", "hijo del convenio" y "discípulo de Jesucristo".**

Cualquier otra forma de identificarnos que no sea compatible con estas tres designaciones básicas tarde o temprano los defraudará. Otras etiquetas los decepcionarán con el tiempo porque no tienen el poder de llevarlos a la vida eterna en el reino celestial de Dios.

Los identificadores que pone el mundo *nunca* les darán una visión de quiénes pueden llegar a ser en última instancia. Nunca reafirmarán su ADN divino ni su potencial divino e ilimitado.

Dado que existe un gran Plan de Salvación diseñado por el Padre Celestial, ¿no resulta razonable pensar que también ustedes tienen un destino eterno?[15]

No se confundan al respecto: su potencial es divino. Si lo buscan con diligencia, Dios les dará destellos de quiénes pueden llegar a ser.

Entonces, ¿quiénes son ustedes? Primero y más importante, son hijos de Dios, hijos del convenio y discípulos de Jesucristo. Conforme asuman estas verdades, nuestro Padre Celestial los ayudará a alcanzar la meta final de vivir eternamente en Su santa presencia.

Primero y más importante, son hijos de Dios, hijos del convenio y discípulos de Jesucristo.

Jesucristo es la única fuente duradera

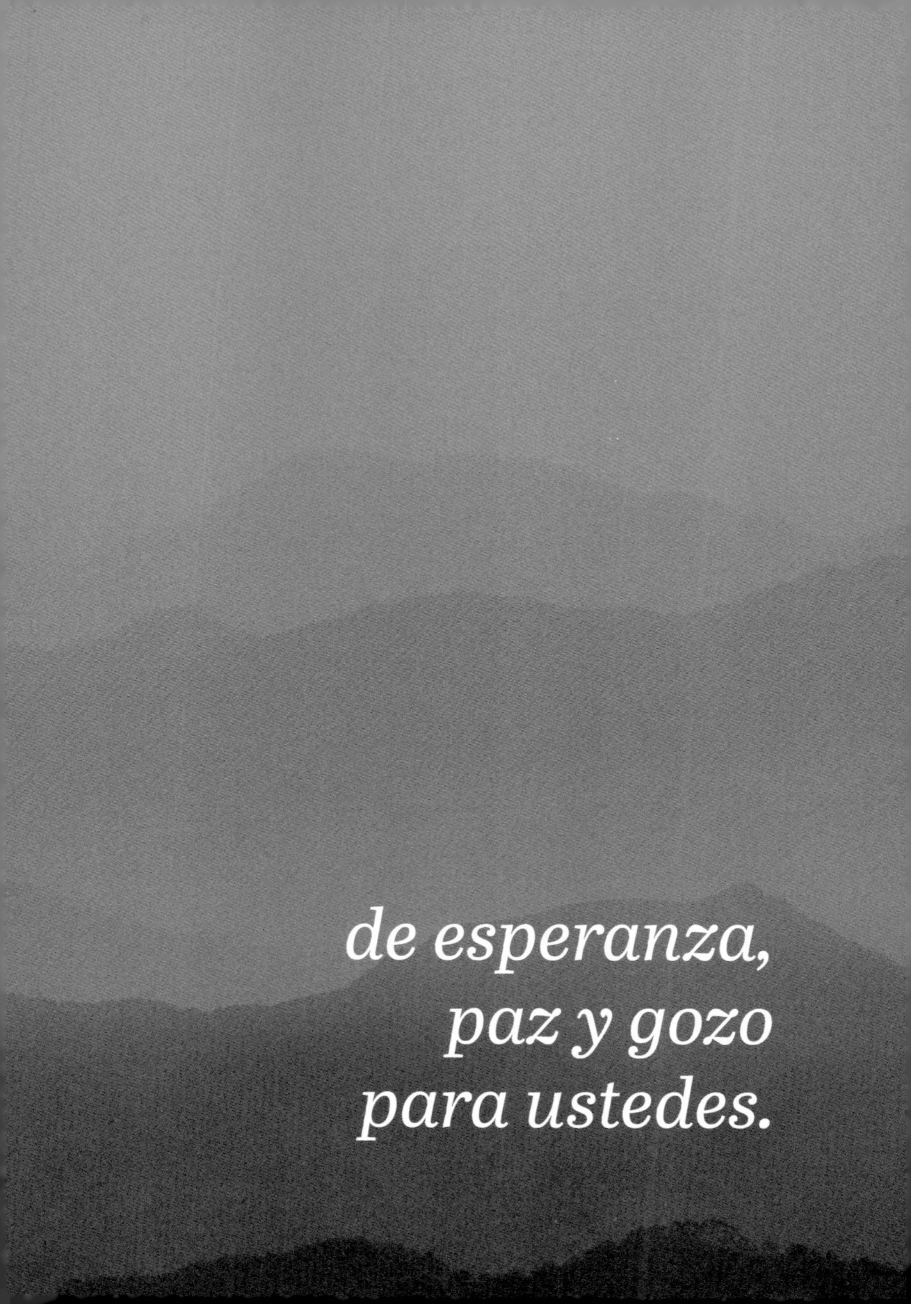

de esperanza,
paz y gozo
para ustedes.

Segundo, conozcan la verdad de lo que el Padre Celestial y Su Hijo les han ofrecido.

En resumen, ¡les han ofrecido todo!

El plan del Padre Celestial para Sus hijos nos permite vivir donde y como Él vive y, finalmente, llegar a ser cada vez más semejantes a Él. Su plan pone a nuestra disposición las más ricas bendiciones de toda la eternidad, incluyendo el potencial de llegar a ser "coherederos con Cristo"[16].

Dios lo sabe todo y lo ve todo. En toda la eternidad, nadie los conocerá mejor o se preocupará más por ustedes que Él. Nadie estará más cerca de ustedes que Él. Pueden volcar su corazón a Él y confiar en que Él enviará al Espíritu Santo y a ángeles para cuidar de ustedes. Él demostró Su más grande amor cuando envió a Su Hijo Unigénito para morir por ustedes, ¡para ser su Salvador y su Redentor!

Mediante Su expiación, el Señor Jesucristo venció al mundo[17]. Por tanto, Él es "poderoso para [...] limpiar[los] de toda iniquidad"[18]. Él los librará de sus circunstancias más agobiantes a Su manera y en Su propio tiempo[19]. Conforme ustedes vengan a Él con

Ustedes deben hacerse responsables de su propia conversión; nadie más puede hacerlo por ustedes.

Háganse cargo de su propio testimonio.

Trabajen para conseguirlo; háganse responsables de él. Cuídenlo, nútranlo de manera que crezca, aliméntenlo con la verdad.

fe, Él los guiará, preservará y protegerá. Él sanará su corazón roto y les dará consuelo en su angustia[20]. Él les dará acceso a Su poder y hará que lo que parece imposible en su vida sea posible.

Jesucristo es la única fuente duradera de esperanza, paz y gozo para ustedes. Satanás jamás podrá copiar nada de esto, y Satanás no los ayudará nunca.

Por otro lado, la obra y la gloria de Dios es llevar a cabo "la inmortalidad y la vida eterna del hombre"[21]. Dios hará todo lo que pueda, sin disminuir su albedrío, para ayudarlos a no perderse las más grandes bendiciones de toda la eternidad.

Dios tiene un amor especial por cada persona que hace convenio con Él en las aguas del bautismo[22], y ese amor divino se profundiza a medida que se llevan a cabo y se cumplen fielmente convenios adicionales. Y luego, al final de la vida terrenal, ¡qué preciada es la reunión de cada hijo del convenio con nuestro Padre Celestial![23]

A Él también le preocupa *mucho* que cada uno de Sus hijos tenga una oportunidad de escuchar las buenas nuevas del Evangelio restaurado. El Padre Celestial ha estado enviando a hijos Suyos a la tierra durante más de seis milenios. La mayoría de esas personas no

Al hacer de su testimonio su prioridad mayor, observen cómo se producen milagros en su vida.

Sus preguntas
sinceras,
hechas con fe,

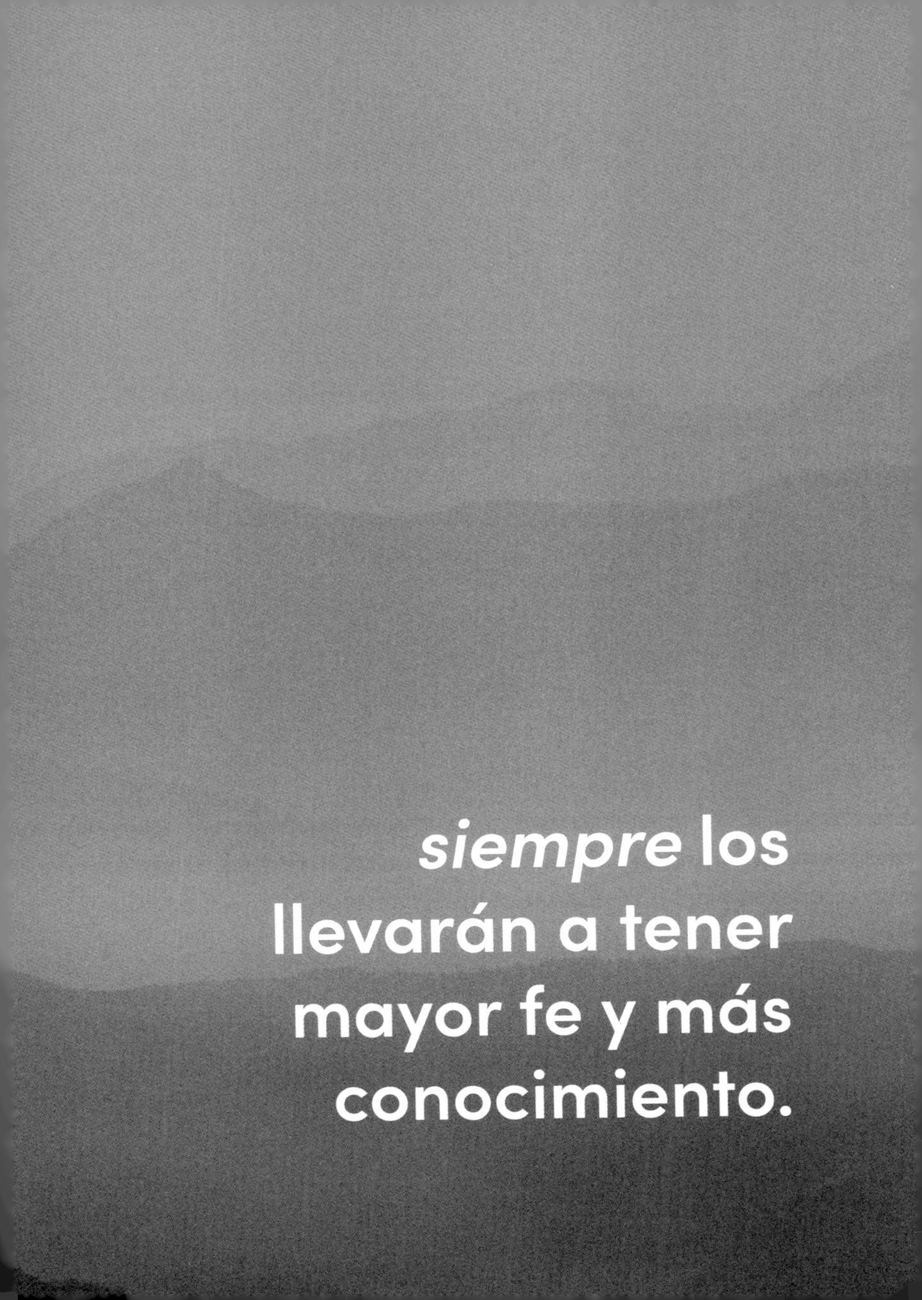

siempre los llevarán a tener mayor fe y más conocimiento.

han recibido todavía las ordenanzas que los habilitarían para obtener la vida eterna. Esta es la razón por la que los templos tienen tanta importancia, es la razón por la que **el recogimiento de Israel en ambos lados del velo es *la* causa más importante en la tierra en la actualidad. Ustedes, mis queridos compañeros en esta santa obra, cumplen una función esencial en este recogimiento**, y les agradezco por ello.

Eso me lleva ahora al tercer punto.

Conozcan la verdad relacionada con la conversión de ustedes.

La verdad es que **ustedes deben hacerse responsables de su propia conversión; nadie más puede hacerlo por ustedes.**

Entonces, ¿puedo invitarlos a hacerse algunas preguntas? **¿Desean sentir paz en cuanto a las preocupaciones que actualmente los agobian? ¿Desean conocer mejor a Jesucristo? ¿Desean aprender cómo Su poder divino puede sanar sus heridas y debilidades? ¿Desean experimentar el dulce y reconfortante poder de la expiación de Jesucristo actuando en su propia vida?**

Buscar respuestas a estas preguntas requerirá esfuerzo, mucho esfuerzo. Les ruego que se **hagan**

cargo de su propio testimonio. Trabajen para conseguirlo; háganse responsables de él. Cuídenlo, nútranlo de manera que crezca, aliméntenlo con la verdad. No lo mezclen con las filosofías falsas de hombres y mujeres incrédulos para luego preguntarse por qué se está debilitando.

Practiquen la oración humilde, sincera y diaria. Nútranse con las palabras de los profetas antiguos y modernos. Pídanle a Dios que les enseñe cómo escucharlo a Él mejor. Dediquen más tiempo a ir al templo y a la obra de historia familiar.

Al hacer de su testimonio su prioridad mayor, observen cómo se producen milagros en su vida.

Si tienen preguntas, y espero que las tengan, busquen respuestas con el ferviente deseo de creer. Aprendan todo lo que puedan sobre el Evangelio y asegúrense de acudir a fuentes llenas de verdad para encontrar guía. Vivimos en la dispensación en la que “nada se retendrá”[24]; por ello, con el tiempo, el Señor contestará todas nuestras preguntas.

El Señor contestará todas nuestras preguntas.

Mientras tanto, sumérjanse en la rica provisión de revelación que tenemos al alcance de la mano. Les prometo que, al hacerlo, se fortalecerá su testimonio, incluso aunque algunas de sus preguntas todavía no tengan respuesta. **Sus preguntas sinceras, hechas con fe, *siempre* los llevarán a tener mayor fe y más conocimiento.**

Si tienen amigos o familiares que se apartan de la Iglesia, sigan amándolos. No les corresponde juzgar las decisiones de los demás, al igual que tampoco ustedes merecen ser criticados por mantenerse fieles.

Y ahora, por favor, escúchenme cuando digo: No sean engañados por aquellos cuyas dudas pueden provenir de cosas *que ustedes no pueden ver* en la vida de ellos. Por encima de todo, hagan que sus amigos escépticos vean cuánto aman *ustedes* al Señor y a Su evangelio. ¡Sorprendan al corazón dudosos de ellos con el corazón creyente de ustedes!

No hay nada que esté ocurriendo en esta tierra que sea más importante *para Él* que el recogimiento de Israel.

Al hacerse responsables de su propio testimonio y hacerlo crecer, se convertirán en un instrumento más poderoso en las manos del Señor. Estarán inspirados por "una causa mejor"[25]: ¡la causa de Jesucristo!

No hay nada que esté ocurriendo en esta tierra que sea más importante *para Él* que el recogimiento de

Israel. Hagan saber a su Padre Celestial que quieren ayudar en esta obra. Pídanle que los ponga a trabajar en esta causa gloriosa. Y luego den un paso atrás y maravíllense de lo que ocurre cuando permiten que Dios prevalezca en su vida.

Su futuro será algo mucho más apasionante que cualquier cosa que puedan creer ahora.

Mis queridos jóvenes amigos, ¡los amo! Gracias. Creo en ustedes. Como profeta del Señor, los bendigo para que conozcan la verdad de quiénes son y que atesoren la verdad de lo que verdaderamente es su glorioso potencial. Los bendigo para que se hagan responsables de su propio testimonio, y los bendigo para que tengan el deseo y la fortaleza de guardar sus convenios.

A medida que lo hagan, les prometo que **experimentarán crecimiento espiritual, estarán libres del miedo y tendrán una confianza que ahora escasamente pueden imaginar.** Tendrán la fortaleza para tener una influencia positiva mucho más allá de su capacidad natural, y les prometo que su futuro será algo mucho más apasionante que cualquier cosa que puedan creer ahora.

Experimentarán crecimiento espiritual, estarán libres del miedo

*y tendrán
una confianza
que ahora
escasamente
pueden imaginar.*

Notas

1. Véanse Génesis 2:18; Moisés 3:18; Abraham 5:14.
2. Véase Doctrina y Convenios 93:36.
3. Véase 1 Corintios 15:22.
4. Véase Juan 11:25.
5. Véase Mormón 3:20.
6. Véanse Juan 14:2; Traducción de José Smith, 1 Corintios 15:40 (en 1 Corintios 15:40, nota al pie de página *a*); Doctrina y Convenios 76:89–98; 131:1.
7. Véase Dallin H. Oaks, "El amor divino en el plan del Padre", *Liahona*, mayo de 2022, pág. 101.
8. Véanse Alma 12:24; 34:32.
9. Véase Doctrina y Convenios 88:22–24.
10. Abraham 3:26.
11. Esto es lo que el Señor enseñó al pueblo de la antigua

América cuando habló con ellos. Después de declarar quién era *Él*, dijo a quienes lo escuchaban quiénes eran *ellos*: "Y he aquí, *vosotros sois los hijos de los profetas; y sois de la casa de Israel; y sois del convenio*" (3 Nefi 20:25; cursiva agregada). Estas mismas verdades también fueron enseñadas al pueblo en la época de la Biblia (véase Hechos 3:25).

12. "Soy un hijo de Dios", *Himnos*, nro. 196.
13. Como hombres y mujeres jóvenes, recitan lemas que comienzan con "Soy una hija amada de padres celestiales, con una naturaleza divina y un destino eterno" y "Soy un amado hijo de Dios, y Él tiene una obra para mí" (*Manual General: Servir en la Iglesia de Jesucristo de los Santos de los Últimos Días*, 11.1.2, 10.1.2, LaIglesiadeJesucristo.org).
14. Adán murió a los 930 años (véase Génesis 5:5); Noé murió a los 950 (véase Génesis 9:29).
15. El presidente Orson Hyde (1805–1878), presidente del Cuórum de los Doce Apóstoles, dijo que "entendimos las cosas mejor [en el mundo preterrenal] de lo que lo hacemos en este mundo caído". Luego siguió diciendo, haciendo conjeturas sobre promesas que probablemente hicimos allí: "No es imposible que hayamos firmado los artículos con nuestras propias manos, artículos que se podrían conservar en los archivos del cielo, para sernos presentados cuando nos levantemos de entre los muertos y seamos juzgados con nuestras propias palabras, según lo que está

escrito en los libros" ("Remarks", *Deseret News*, 21 de diciembre de 1859, pág. 322).

16. Romanos 8:17.
17. Véanse Juan 16:33; Doctrina y Convenios 50:41.
18. Alma 7:14.
19. El Señor es poderoso para librarnos al igual que libró a Nefi del poder de Labán (véase 1 Nefi 4:3).
20. Véanse Lucas 4:18; Alma 7:10–12.
21. Moisés 1:39.
22. En el idioma hebreo del Antiguo Testamento, la palabra que expresa el amor del convenio de Dios es *hesed*.
23. Véase Salmo 116:15.
24. Doctrina y Convenios 121:28.
25. Alma 43:45: "[…] pues no estaban luchando por monarquía ni poder, sino que luchaban por sus hogares y sus libertades, sus esposas y sus hijos, y todo cuanto poseían; sí, por sus ritos de adoración y su iglesia".

Notas